ASSOCIATION FRANÇAISE

POUR

L'AVANCEMENT DES SCIENCES

CONGRÈS DE LILLE

1874

M ____

____

PARIS

AU SECRÉTARIAT DE L'ASSOCIATION

76, rue de Rennes.

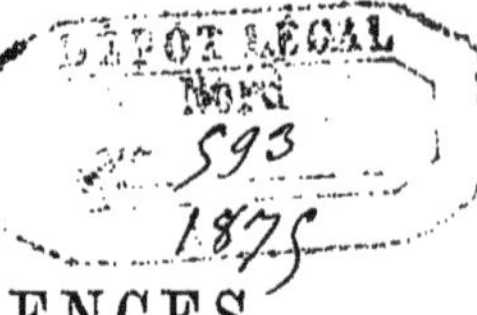

Dr COURTY

Professeur à la Faculté de médecine de Montpellier

DE LA RÉTROFLEXION DE L'UTÉRUS

— Séance du 24 août 1874 —

I. — La *rétroflexion est l'opposé de l'antéflexion*, non-seulement pour la direction, mais pour la nature, l'altération anatomique, la cause, le mode de développement, les complications, etc.

Au lieu d'être congénitale, elle est acquise ; elle est toujours un état anormal ou pathologique, c'est-à-dire résultant d'altérations organiques rarement congénitales, plus souvent consécutives à l'existence d'un acte morbide. Chez le fœtus même, lorsqu'elle s'y rencontre par hasard, elle est le résultat d'une altération pathologique plutôt que d'un simple arrêt ou d'une viciation du développement normal comme dans l'antéflexion ; dans deux cas de ce genre que j'ai observés, l'utérus se trouvait réduit, au niveau de l'isthme, à un plan membraneux dépourvu de fibres propres ; il avait dû être atteint dans ce point par un travail morbide, puisque nous savons que normalement le trajet de ces fibres s'étend sans discontinuité du col au corps, et réciproquement. Chez la femme vierge et chez celle qui n'a eu aucune grossesse, la rétroflexion est aussi d'une rareté extrême, et, pour peu qu'on puisse remonter à la cause qui l'a produite, on trouve dans les antécédents, comme cela m'est arrivé, quelque condition pathologique à laquelle on doit l'attribuer, telle qu'une inflammation de l'isthme de l'utérus ou des tissus péri-utérins, ou quelque condition tératologique, telle que la brièveté de la paroi anté-rieure du vagin, anomalie assez fréquente dans ce cas. Enfin la rétro-flexion est surtout fréquente chez la multipare ; le plus souvent, elle est la conséquence d'un défaut partiel d'involution de l'utérus à la suite de l'accouchement.

La rétroflexion est fréquemment accompagnée de complications, telles que : leucorrhée, phlegmasie chronique du péritoine rétro-utérin, des annexes et de l'utérus lui-même, adhérences entre le fond ou la paroi

AY

postérieure de l'utérus et les parties voisines, etc. Toutes ces complications sont aussi rares dans les cas d'antéflexion que communes dans ceux de rétroflexion. Leur fréquence dans ces derniers cas est une nouvelle preuve du rôle important que jouent les altérations pathologiques dans la production de la rétroflexion.

Dans les rares circonstances où il m'a été permis d'examiner le tissu de l'utérus rétrofléchi, chez des femmes atteintes de cette maladie et ayant succombé à quelque autre affection intercurrente avant d'être arrivées à la ménopause, j'ai toujours trouvé le tissu propre atrophié, les fibres musculaires lisses qui le constituent larges, longues, humectées, imbibées de sucs, passées partiellement à l'état gras, infiltrées de granulations adipeuses, la plupart conservant un volume plus considérable qu'à l'état de vacuité. Tout le reste de l'utérus, volumineux, est non-seulement congestionné, mais encore dans cet état d'hypertrophie puerpérale caractérisée par la mollesse, qui est le propre du défaut d'évolution rétrograde après l'accouchement. Enfin les ligaments sont distendus, allongés, sans ressort, ce qui est aisé à constater pendant la vie, car ils ne peuvent alors soutenir l'utérus qu'imparfaitement ; ils le laissent s'abaisser, s'incliner plus ou moins en arrière et même acquérir un degré exagéré et anormal de mobilité fatigante pour les malades, à moins que des adhérences, plus douloureuses encore, ne limitent démesurément cette mobilité. La coïncidence très-fréquente, presque habituelle, d'une rétroversion plus ou moins prononcée avec la rétroflexion, est une preuve nouvelle que la cause prochaine ou la nature même de la rétroflexion est un affaiblissement, un relâchement de tissu, c'est-à-dire une cause et une nature tout à fait inverses de celles de l'antéflexion ; car cette dernière est presque toujours caractérisée histologiquement par l'induration et la rétraction.

Enfin, la rétroversion coïncide avec la rétroflexion bien plus souvent que l'antéversion avec l'antéflexion. Cela tient à ce que la rétroflexion n'est presque jamais congénitale, tandis que l'antéflexion l'est le plus souvent ; à ce que le relâchement souvent consécutif à l'accouchement, qui est la cause de la rétroflexion, ne saurait être limité, localisé comme la rétraction, qui est la cause de l'antéflexion, tandis que cette rétraction, survenant par suite d'un défaut de développement ou sous l'influence de causes étrangères à la grossesse, peut porter exclusivement sur un organe et même sur une seule portion d'un organe.

Ainsi on peut tracer un parallèle établissant le contraste entre les deux maladies.

Dans la rétroflexion, il y a le plus souvent mollesse, atrophie ou dégénérescence graisseuse du tissu utérin au point de flexion, congestion, engorgement du fond ou du segment postérieur du corps, phlegmasie chronique du péritoine rétro-utérin ou de l'utérus même ; tandis que dans l'antéflexion il y a le plus souvent imperfection de développement, agénésie de la paroi antérieure (déjà naturellement plus courte) de l'utérus, d'autres fois atrophie ou rétraction de son tissu.

Dans la rétroflexion, la dégénérescence graisseuse, existant le plus souvent au niveau de la flexion, s'observe aussi quelquefois dans une grande partie de l'organe qui s'est trouvé arrêté dans son travail d'involution post-puerpérale. Dans l'antéflexion, la dureté du tissu utérin existe du côté fléchi, au niveau et dans l'angle de flexion ; elle est parfois le résultat d'une vraie dégénérescence fibreuse ou scléreuse ; souvent le reste de l'organe, et notamment la paroi postérieure, est hypertrophié, tout en conservant une dureté et une densité caractéristiques ; les fibres musculaires lisses sont courtes et fines, l'organe présente les caractères du défaut d'évolution progressive ou de l'utérus virginal.

Dans la rétroflexion, il y a relâchement plus ou moins complet des ligaments utéro-lombaires, relâchement des ligaments ronds, laxité de tous les ligaments et quelquefois de tout l'appareil génital non-seulement des ligaments suspenseurs et des ligaments ronds, mais encore des ligaments larges et du vagin, par conséquent disposition au prolapsus en même temps qu'à la rétroversion ; tandis que dans l'antéflexion il y a contraction et plus tard rétraction de ces ligaments, disposition à l'anté-version et maintes fois élévation de la matrice.

II. — Si le lecteur s'est bien pénétré de ce que je viens de dire des altérations pathologiques et de la nature de la rétroflexion, il n'aura aucune peine à comprendre dans quelles circonstances elle doit se produire, quelles en sont *les causes et les conditions de développement.*

A l'inverse de l'antéflexion, la rétroflexion est très-rare chez les fœtus et à l'état congénital, rare chez les vierges, les stériles et les nullipares ; elle se rattache presque toujours alors à un état tératologique ou à un état pathologique ci-dessus signalés. Au contraire, elle est, d'une manière absolue, fréquente chez les multipares, et relativement beaucoup plus fréquente chez ces mêmes multipares qu'aucune autre espèce de flexion.

Elle s'observe surtout chez les femmes dont le tempérament est lymphatique, la fibre molle, la constitution délicate, ou dont le travail de parturition a été très-long et très-laborieux, ou qui se sont levées trop tôt après les couches et ont repris prématurément les travaux qui demandent des efforts, ou les excitations congestives des rapports conjugaux. Dans toutes ces circonstances, en effet, des conditions générales ou locales défavorables à l'involution en ont arrêté la marche ; l'utérus, conservant sa mollesse en même temps que son augmentation de volume et de poids, s'est d'autant plus facilement fléchi en arrière sur lui-même, que le fond en était plus lourd, que le décubitus dorsal ou les efforts de la malade l'y disposaient davantage, et que les ligaments suspenseurs et tous les autres soutiens de l'organe, relâchés, avaient moins de puissance pour lui conserver sa situation, sa direction et sa forme normales.

Une fois la rétroflexion commencée, elle ne peut que s'accroître de jour en jour, car elle a de la tendance à s'aggraver incessamment, par suite de la persistance et de l'augmentation des mêmes conditions organiques qui lui ont donné naissance; le point de flexion, gêné dans sa nutrition par la compression due au pli même de l'organe, s'arrête de plus en plus complétement dans son travail d'involution; le fond de l'utérus devient de plus en plus lourd et volumineux par suite de la congestion qu'y produisent sa propre déclivité et la gêne de sa circulation; les ligaments distendus deviennent de plus en plus mollasses, faibles et extensibles.

Le même effet peut se produire chez les nullipares atteintes de rétroflexion, par suite de la congestion dysménorrhéique consécutive à la flexion elle-même.

III. — Je distingue *trois degrés* à la rétroflexion suivant la déclivité du fond de l'utérus dans l'excavation pelvienne. Le niveau des ligaments de Douglas et de l'orifice vaginal du col est le point de repère le plus naturel pour juger du degré de cette déclivité et pour en donner la mesure. La rétroflexion est donc plus ou moins marquée, suivant que le fond de l'utérus est au-dessus, au niveau ou au-dessous de ce point. Dans le premier degré, le fond de l'utérus est au-dessus des ligaments de Douglas et de l'orifice vaginal du col. Dans le second degré, le fond de l'utérus est au niveau des ligaments de Douglas et de l'orifice vaginal du col. Dans le troisième degré, le fond de l'utérus est au-dessous des ligaments de Douglas et de l'orifice vaginal du col.

Quelquefois la rétroflexion arrive d'emblée au troisième degré, quelquefois elle reste indéfiniment au premier; mais souvent aussi elle augmente peu à peu et passe du premier au troisième degré, soit insensiblement par des augmentations graduelles, soit rapidement par un saut brusque résultant de quelque traumatisme ou d'un accroissement imprévu et considérable de congestion.

A tous les degrés, mais particulièrement au troisième, la rétroflexion se complique souvent de rétroversion. Cette rétroversion est d'autant plus considérable que le relâchement des ligaments suspenseurs est plus marqué. Il faut observer que ce relâchement n'existe pas toujours, dans le principe, au même degré. S'il en était ainsi, il produirait dès le début une rétroversion et par suite point de rétroflexion; l'organe s'inclinant tout d'une pièce, ses deux segments ne se fléchiraient pas l'un sur l'autre, car la flexion ne se produit que par suite de la résistance que le col oppose d'abord à son déplacement : le corps, étant plus lourd, tend à se précipiter en arrière ; si les ligaments suspenseurs sont très-lâches, pour peu que l'ensemble de l'utérus présente de fermeté, à mesure que le fond descend dans l'excavation, tout l'utérus bascule autour de son anneau suspenseur, et le col s'élève en sens inverse, la rétroversion se produit. Ainsi, quand la rétroversion coexiste, comme cela arrive souvent, avec la rétroflexion, il faut admettre qu'elle s'est produite et accrue peu à peu, et non pas dès le début.

Il en est de même pour l'abaissement qui coexiste aussi avec la rétro-version, et pour les mêmes raisons. Il ne peut pas se produire et surtout ne peut pas se prononcer à son degré ultime dès le début, car, la chute de l'utérus s'effectuant d'emblée, la rétroflexion serait d'autant moins disposée à survenir ; l'organe tombant en masse et directement en bas, il s'inclinerait bien simultanément en rétroversion, comme cela arrive habituellement, mais il ne se fléchirait pas ; il faut toujours, pour qu'il se fléchisse, une stabilité ou une fixité relative du col. Mais, une fois la rétroflexion produite, le poids même du corps de l'utérus dans l'excavation augmente de jour en jour la distension et l'allongement des ligaments suspenseurs ; le col de l'utérus s'abaisse alors de plus en plus, en même temps qu'il se porte en avant, tandis que le corps se porte de plus en plus en arrière, en même temps qu'il s'abaisse avec l'isthme au-dessous duquel s'attache l'anneau suspenseur, et par conséquent avec la matrice entière.

IV. — *Signes subjectifs.* De tous ces signes, le plus caractéristique peut-être, c'est la douleur sacrée. Les malades se plaignent vaguement de douleurs de reins ; mais si on les prie de préciser le siége de la douleur et d'y porter la main, presque toutes portent la main sur le sacrum et se plaignent de souffrir dans ce qu'elles appellent le croupion, et même quelquefois à l'anus. Les douleurs lombaires proprement dites sont rares. J'ai vu quelques malades atteintes de tumeurs de l'excava-tion accuser la même douleur sacrée, mais rarement seule, plus souvent accompagnée de douleurs pelviennes ou en ceinture, ou de névralgies sciatiques, ou de rayonnements douloureux dans les cuisses, etc. La douleur sacrée seule et très-décidément accusée est un signe de pré-somption très-caractéristique de la rétroflexion. S'il y a en même temps des symptômes de compression sur le rectum et quelquefois simultané-ment sur la vessie, des envies factices de défécation et de la douleur pendant cet acte, une miction fréquente, etc., la présomption augmente en faveur de la rétroflexion. Si ces symptômes augmentent au moment des règles, si celles-ci sont plus abondantes, partiellement sous forme de caillots et dysménorrhéiques, ce qui tient à la difficulté d'évacuation utérine produite par la plicature et la congestion de l'organe, la présomption augmente encore en faveur de la rétroflexion.

Un second signe caractéristique de la rétroflexion, c'est la difficulté pour les malades d'accomplir aucun mouvement qui nécessite l'effort et amène la compression de l'utérus par les viscères abdominaux refoulés vers l'excavation par les muscles larges et le diaphragme, par exemple : la difficulté de ramasser et lever de terre un fardeau, de se redresser, de lever les bras au-dessus de la tête, de faire des mouvements alternatifs d'abaissement et de redressement, comme de balayer, etc. Ce symptôme se rencontre souvent aussi dans le cas d'abaissement et de rétroversion, ce qui n'a rien d'étonnant, puisque ces déplacements accompagnent souvent la rétroflexion; mais lorsqu'il dépend d'une chute de matrice, il s'accompagne d'un sentiment de pesanteur et d'autres genres d'impotence qui se rencontrent rarement dans la simple rétroflexion.

Un troisième signe caractéristique de la rétroflexion, c'est le peu de soulagement que procure aux malades le décubitus dorsal. Ce signe ne se retrouve pas toujours, surtout lorsque la rétroflexion est compliquée d'adhérences, de périmétrite chronique, de congestion de l'ovaire, etc. Mais il s'observe très-souvent, je puis même dire chez la plupart des malades atteintes de rétroflexion réductible. Il est d'autant plus remarquable que dans presque toutes les autres maladies utérines ou péri-utérines, les femmes se trouvent bien dès qu'elles se reposent dans la situation horizontale, tout à fait allongées sur le dos. Ici, au contraire, de tous les décubitus, le dorsal est le moins bien supporté : il soulage peu les malades, qui se trouvent fatiguées à leur lever comme pendant la journée, et qui se plaignent de souffrir plus au lit que levées. Souvent elles ne songent pas à nous faire part de ce symptôme; mais, interrogées à ce sujet, elles ne manquent pas de dire que, le décubitus dorsal leur étant insupportable, elles ont pris l'habitude de se coucher autrement; le décubitus en pronation sur le ventre leur apporte habituellement un tel soulagement qu'un grand nombre d'entre elles l'adoptent instinctivement; quelques autres, au lieu du décubitus ventral proprement dit, adoptent, comme moins pénible, la pronation latérale sur l'un ou sur l'autre côté, en inclinant de plus en plus le bassin dans la pronation ventrale, surtout s'il y a coïncidence d'ovarite ou de phlegmasie d'un ligament large en même temps que rétroflexion. — Ce signe est d'autant plus important à recueillir, qu'il est tout à fait inverse dans l'antéflexion, le décubitus dorsal étant alors celui qui soulage le plus les malades. Cela se comprend d'ailleurs très-bien, car par le décubitus dorsal l'utérus antéfléchi n'éprouve plus aucune pression et tend à revenir à son attitude et à sa direction naturelles, tandis que par le même décubitus le fond de l'utérus rétrofléchi appuie de plus en plus sur le sacrum et éprouve une pression de plus en plus considérable par le poids des viscères abdominaux, qui, au lieu d'être supportés en partie par la paroi abdominale antérieure, se précipitent en totalité vers la paroi postérieure de l'abdomen, et notamment vers sa partie la plus déclive, l'excavation pelvienne, où ils refoulent de plus en plus l'utérus.

Un quatrième signe de rétroflexion qui se rapproche du précédent, c'est que la ceinture hypogastrique ne soulage presque jamais les malades atteintes de rétroflexion, mais qu'elle aggrave presque toujours leurs douleurs, tandis qu'elle soulage au contraire toujours les femmes atteintes d'antéflexion. Cette différence s'explique aisément, par l'augmentation de pression et de flexion qui est le résultat de l'usage de la ceinture dans la rétroflexion : les viscères abdominaux, en effet, soulevés par la ceinture hypogastrique, sont refoulés dans l'excavation, y transmettent la pression de la ceinture qui s'exerce par leur intermédiaire sur le corps de l'utérus, c'est-à-dire sur la partie la plus tuméfiée et la plus sensible de l'organe, en même temps que par leur propre poids ajouté à cette pression ils en exagèrent la flexion.

Les autres signes subjectifs moins caractéristiques que l'on recueille souvent chez les malades atteintes de rétroflexion sont : une sensation de poids et parfois de douleur à l'anus avec de fausses envies de défécation ; de la douleur dans l'accomplissement de cet acte et dans les efforts qu'il nécessite, surtout chez les femmes atteintes de constipation (fréquente dans le cas de rétroflexion) ; la fréquence des envies d'uriner et de la mixtion ; une sensation de tiraillement douloureux au nombril, surtout dans le décubitus dorsal ; quelquefois des sensations également douloureuses de tiraillement dans les aines, et des irradiations douloureuses dans les cuisses ; de la douleur pendant le coït, alors même qu'il n'existe pas d'inflammation rétro-utérine ; enfin, quoi qu'on en ait dit, le plus souvent la stérilité, à moins que la pénétration de la semence ne soit facilitée à travers les orifices utérins par des circonstances exceptionnelles que j'indiquerai en écrivant le traitement. Ajoutons-y les accouchements antérieurs, les signes ordinaires du relâchement utérin, et nous finirons par grouper, à côté des signes subjectifs précédents plus caractéristiques, un ensemble de symptômes qui augmenteront encore nos présomptions sur l'existence de la rétroflexion.

Je note simplement pour mémoire les signes sympathiques et généraux de congestion du corps de l'utérus, tels que : la dyspepsie, les nausées, les symptômes analogues à ceux du début d'une grossesse, les névralgies, le clou hystérique, les suites d'accidents dysménorrhéiques et les altérations consécutives, telles que la chloro-anémie, l'amaigrissement, les inquiétudes nerveuses, etc., qui ne manquent guère chez les femmes atteintes de rétroflexion, mais qui n'appartiennent pas spécialement à cette maladie.

V. — Les *signes objectifs* lèvent tous les doutes. Il faut ajouter qu'ils sont indispensables, et, que sans eux les signes subjectifs, quelque forte présomption qu'ils puissent nous donner sur l'existence de la maladie, seraient tout à fait insuffisants à la faire diagnostiquer avec certitude.

Le toucher seul, surtout la femme étant debout, donne au diagnostic un degré de probabilité extrême; il fait percevoir généralement le col de l'utérus abaissé et rapproché du pubis; puis, dans le cul-de-sac vaginal postérieur amplifié, une tumeur arrondie plus ou moins saillante, plus ou moins basse, de la consistance de l'utérus à peu près et d'un volume supérieur à celui du fond de cet organe à l'état normal; en cherchant à soulever et à mouvoir alternativement cette tumeur et le col, on sent non-seulement que la tumeur se laisse soulever et déplacer sensiblement (du moins d'ordinaire), mais encore que chacune des parties (tumeur postérieure et col) est solidaire des mouvements imprimés à l'autre, et qu'en définitive toutes deux paraissent appartenir à un même organe (l'utérus) qui bascule en totalité, soit qu'on en fasse mouvoir le col, soit qu'on en soulève le corps.

L'association de la palpation hypogastrique au toucher est bien plus significative. Pour peu que la paroi abdominale soit dépressible, les doigts de la main gauche s'enfoncent derrière le pubis sans y rencontrer le fond de l'utérus; mais à mesure que l'indicateur de la main droite pousse en haut la tumeur du cul-de-sac vaginal postérieur, la présence de l'utérus est perçue de mieux en mieux au niveau du détroit supérieur, le fond de l'organe peut être légèrement comprimé et mis en mouvement par l'action simultanée et combinée des deux mains, et l'efficacité de cette action peut être suffisante pour réduire l'organe, surtout si l'on vient à l'aider alors par la position, en faisant tourner peu à peu la femme sur le ventre. Le toucher rectal, associé à la palpation, peut servir encore, dans ces circonstances, à compléter le diagnostic et à montrer jusqu'à quel point le fond de l'utérus applique la paroi antérieure du rectum contre la postérieure.

Malgré l'extrême probabilité que ces deux moyens d'exploration donnent au diagnostic, il peut encore rester quelques doutes; car une tumeur fibreuse de la paroi postérieure de l'utérus, quoique un peu plus dure, pourrait simuler le fond de l'organe rétrofléchi. En outre, ils n'éclairent pas suffisamment la question du degré de réductibilité de la flexion, et au point de vue du pronostic il est important de déterminer s'il est possible de relever le fond de l'utérus sur le col, si cette réduction peut être assez complète pour que le col soit ramené en arrière le corps en avant, dans une position d'antéversion plus ou moins approchante de la position primitive normale de l'organe ; car de cette détermination résulte celle de la possibilité de la cure et du degré de curabilité.

Un seul moyen peut lever tous les doutes, donner au diagnostic une certitude absolue, fournir au pronostic les éléments d'un jugement net et précis, et armer le traitement local d'un instrument indispensable : c'est le cathétérisme.

Il faut commencer par bien huiler le cathéter, et l'introduire doucement dans le col, la concavité tournée vers le sacrum, le manche tenu horizontalement. — Lorsque le bec est arrivé près de l'isthme, il faut d'abord abaisser le manche pour engager l'extrémité au-dessus de l'éperon plus ou moins proéminent que la flexion de l'organe rend saillant dans le canal cervico-utérin, au niveau du point de flexion ; à mesure que l'on perçoit l'engagement du bec dans cet orifice, on élève peu à peu le manche, tout en poussant l'instrument plus profondément, de manière à faire parvenir le bec jusqu'au fond de la cavité utérine, absolument comme on agit dans le cathétérisme uréthral lorsque, ayant engagé le bec de la sonde dans la portion membraneuse, je veux dire musculeuse, on en abaisse progressivement le pavillon, tout en le poussant très-délicatement pour en faire parvenir le bec dans la vessie. Pour que l'extrémité du cathéter pénètre jusqu'au fond de la cavité utérine, il faut en relever le manche parfois contre le méat urinaire. On peut aussi aider la pénétration du bec à travers l'isthme, en soulevant le fond de l'utérus à l'aide de l'indicateur d'une main introduit dans le vagin, en même temps qu'on pousse le manche de l'instrument à l'aide de l'autre main en suivant les règles que je viens de tracer.

Une fois le cathéter arrivé au fond de l'utérus, il s'agit de s'assurer s'il est possible de relever ce segment de l'organe et de le replacer dans sa position normale. Pour cela, il faut retourner l'instrument de manière que sa concavité regarde en haut, et en abaisser ensuite doucement le manche, tout en soulevant directement le fond à l'aide d'un ou deux doigts poussés dans le cul-de-sac vaginal postérieur, de bas en haut et d'arrière en avant. Cette manœuvre doit être faite avec beaucoup de lenteur et de douceur à la fois, car le fond de l'utérus peut être retenu par des adhérences dans l'excavation pelvienne, auquel cas la flexion est irréductible ; si, après plusieurs tentatives de redressement, aidées de la propulsion à l'aide des doigts dans le fond du vagin, de la position de la femme en pronation sur les genoux et les coudes, la réduction est impossible ; si ces diverses tentatives, quelque délicatement qu'on les pratique, réveillent des douleurs, il faut bien reconnaître que la rétroflexion est irréductible, et il faut renoncer à en obtenir la cure radicale, tout en concentrant les efforts du traitement sur les éléments

AY*

morbides qui compliquent la flexion, en vue d'en obtenir une cure palliative. Si l'utérus, au contraire, se laisse redresser, il faut déterminer les limites de ce redressement, faire passer l'axe de l'organe par diverses directions, jusqu'à ce que, après s'être confondu avec l'axe du détroit supérieur du bassin, son extrémité supérieure s'incline de plus en plus en avant et qu'il arrive à l'antéversion ; il faut lui imprimer en même temps quelques mouvements latéraux de bascule et de translation, pour juger de sa mobilité en tout sens, de l'absence complète de périmétrite ancienne ou d'adhérences qui auraient pu en être la conséquence ; il faut mesurer la profondeur à laquelle pénètre le cathéter, pour juger du volume de l'utérus et de sa congestion ; il faut imprimer enfin à l'instrument des mouvements de circumduction du bec et de déplacement de la tige de droite à gauche, d'avant en arrière, pour juger de son jeu à travers les orifices, de l'amplitude de la cavité utérine, et par suite du volume que devra avoir le tuteur galvanique dont on se servira pour maintenir le redressement, et de l'utilité qu'il y aura à exciter plus ou moins fortement les contractions de l'utérus pour produire progressivement le retrait de ses parois.

Quelquefois, après cette exploration méthodique et le redressement effectué par le cathéter, si l'on fait relever la malade et si on la touche debout, on s'assure que la réduction est bien faite, qu'elle se maintient les premières heures, ou du moins les premiers instants, et dès ce moment, pendant que la réduction persiste, malgré les douleurs provoquées par les manœuvres qui l'ont effectuée, les malades conviennent, non sans quelque surprise, qu'elles n'éprouvent plus la douleur sacrée caractéristique, qu'elles marchent avec plus de facilité ; en un mot, que leur mal a été bien réellement attaqué dans sa source.

VI. — Il y a peu d'années encore, *le pronostic* de la rétroflexion était grave ; car, au dire de Velpeau, si les déviations utérines ne tuent pas, du moins elles ne guérissent pas ; c'est-à-dire qu'elles durent toute la vie.

Heureusement ce pronostic désolant peut être singulièrement modifié aujourd'hui, au moins pour ce qui est de la rétroflexion. Comme pour toute maladie, la précision du diagnostic et l'opportunité du traitement sont ici, ainsi que je l'ai dit, les seuls garants de succès dans la pratique.

Pour la rétroflexion en particulier, la *précision du diagnostic* ne consiste pas seulement à déterminer les formes, l'aspect extérieur du mal, mais à en reconnaître les causes, à en comprendre le mode de production, à en pénétrer la nature. Or, nous avons vu que cette nature est l'atrophie, la mollesse, le relâchement, dus le plus souvent au défaut d'évolution rétrograde. De cette nature même et de la connaissance exacte des fonctions de l'utérus, ou plutôt des propriétés de ses éléments histologiques, des circonstances qui en provoquent le développement, des conditions dans lesquelles ils s'hypertrophient, nous avons déduit, pour la rétroflexion comme pour la plupart des autres maladies utérines, le mode d'intervention médicale qui est le plus à notre portée et à la fois le plus efficace. Le tissu utérin étant en instance continuelle d'organisation, d'évolution progressive ou régressive, il ne nous est pas impossible, en imitant la nature, de provoquer dans cet organe des actes de régression et surtout de progression qui en déterminent tantôt l'atrophie, tantôt l'hypertrophie. La présence d'un corps étranger dans sa cavité, pendant que cet organe est ramené et maintenu dans sa situation normale, l'intervention de quelques moyens excitateurs de sa contraction musculaire, l'influence des agents généraux de tonification, nous fournissent les moyens de modifier la structure de la matrice dans une direction favorable au redressement de ses deux segments, au retour de la rigidité qui peut seule les maintenir dans une direction réciproque normale, et au rétablissement régulier des fonctions qui en sont la conséquence.

L'*opportunité* avec laquelle ce traitement est appliqué et poursuivi dans ses diverses parties en assure enfin le succès, en nous guidant sûrement dans l'emploi des moyens qui doivent être alternativement et tour à tour appliqués à la rétroflexion, à ses causes premières, à ses conséquences, à ses complications directes ou indirectes, en nous apprenant à attaquer successivement chacun des éléments de cet ensemble, de ce tout complexe dont la rétroflexion est le pivot, dans la mesure et dans l'ordre où il doit être combattu.

Grâce à l'application rigoureuse de ces principes, nous sommes parvenu à modifier, dans le sens le plus avantageux, le pronostic si nettement formulé par un des représentants les plus autorisés et les plus illustres de la chirurgie française, et à substituer à l'aveu d'impuissance de notre art l'assurance de son efficacité réelle dans le traitement de la rétroflexion.

VII. — Les indications du *traitement* se tirent de la nature de l'altération (relâchement, défaut d'involution, transformation régressive ou défaut de transformation progressive) ;

Des causes locales qui ont contribué à la produire et à l'entretenir (laxité des tissus, atonie locale, congestion passive) ;

Des causes générales qui ont également contribué à la produire et à l'entretenir (atonie générale, constitution molle, tempérament lymphatique, anémie) ;

Des complications qui en mettent l'existence en relief, en aggravent les symptômes et en empêchent la guérison (congestion, engorgement, leucorrhée, métrite chronique, périmétrite, adhérences péritonéales).

Pour remplir ces diverses indications, nous disposons de moyens généraux et locaux d'une efficacité aujourd'hui incontestable.

Mais ce n'est pas tout que d'employer ces moyens, même sans omettre
aucun de ceux qui sont utiles; encore faut-il s'attacher à les appliquer
suivant les indications particulières qui dominent, dans l'ordre qui répond
à ces diverses indications, ou successivement ou tour à tour, selon qu'il
est plus urgent de répondre tantôt à l'une, tantôt à l'autre de ces diverses
indications. Non-seulement la rétroflexion et ses complications diverses
coexistent, mais encore elles jouent alternativement, l'une par rapport à
l'autre, le rôle de cause et d'effet; il faut donc combattre simultanément et la flexion et ses complications, ou commencer par attaquer celles-ci avant celle-là, ou réduire la première et la maintenir
réduite avant de diriger le traitement contre les dernières (supposé
qu'elles n'en soient que la conséquence), ou bien enfin combattre alternativement la flexion et ses complications, en passant tour à tour et à
plusieurs reprises de l'une aux autres ou de celles-ci à celle-là, en même
temps que l'on modifie l'état général, comme dans le traitement de
toute maladie utérine. En un mot, ici comme en tout état pathologique
complexe et à indications thérapeutiques multiples, il n'est pas seulement
essentiel d'instituer un traitement rationnel, mais il importe encore de
saisir l'opportunité de ce traitement, et surtout celle de ses divers éléments, aux diverses périodes de ce même traitement.

Ainsi, très-souvent on est obligé de combattre d'abord la métrite
chronique, la congestion, l'engorgement, l'endométrite, la leucorrhée,
quelquefois enfin la périmétrite, qui ont précédé la flexion elle-même,
qui ont participé quelquefois à sa formation, qui l'entretiennent ou qui
entrent pour une bonne part dans les souffrances des malades, et qui
ne permettraient pas, si elles n'étaient d'abord atténuées, l'application
des moyens mécaniques ou des excitants directs et indirects de la contractilité utérine, nécessaires pour réduire la flexion et pour la maintenir
réduite.

Dans ce but, on peut être obligé de pratiquer des saignées locales,
d'appliquer des sangsues ou des scarifications sur le col; de donner de
grands bains émollients, résolutifs, toniques (alcalins et ferrugineux,
par exemple), avec injection dans le bain et hors du bain, injection à
l'amidon, à l'eau blanche, au tannin, etc.; de faire usage de pom-
mades résolutives sur le bas-ventre, dans le rectum ou sur le col;
de faire garder aux malades un repos prolongé dans le décubitus ventral plutôt que dorsal; d'administrer à l'intérieur les alcalins, les toniques, le fer, les résolutifs (iodure de potassium), les sédatifs (bromure
de potassium); de cautériser à diverses reprises, avec le pinceau chargé
de nitrate d'argent, la totalité de la muqueuse utérine, etc.

Mais que ces moyens doivent être appliqués avant ou après, le moyen qui remplit le plus directement l'indication capitale du traitement de la rétroflexion, c'est celui qui opère le redressement du corps de l'utérus sur le col de cet organe, et qui maintient ce redressement un temps suffisant, soit d'une manière continue, soit à des intervalles plus ou moins éloignés, pour en faire espérer la persistance par le retour graduel de la contractilité musculaire de l'organe.

VIII. — Ce moyen est le *tuteur utérin*. Il est souvent insuffisant s'il est employé seul : mais, sans lui, l'utilité de tous les autres est fort précaire.

J'ai adopté comme tuteur un petit instrument dont je trouvai l'idée et même le modèle chez Simpson. Il est constitué par une boule creuse ovoïde ou mieux ellipsoïde, en cuivre rouge, de 2 centimètres et demi dans son plus grand diamètre, surmontée d'une tige moitié inférieure cuivre, moitié supérieure zinc, cylindrique, arrondie à son extrémité libre d'un diamètre de 2 à 4 millimètres, et d'une longueur de 6 à 7 centimètres. J'en ai fait construire quatre modèles de dimensions différentes et graduellement croissantes, depuis le n° 1, qui a à peine 2 millimètres de diamètre et 5 centimètres de longueur, jusqu'au n° 4, qui a 4 millimètres de diamètre et 7 centimètres de longueur. Les numéros extrêmes sont rarement employés ; cependant ils peuvent être utiles, le plus petit pour le redressement des utérus nullipares ou dont l'orifice s'est rétréci, le plus gros pour le redressement des utérus très-mous, volumineux, à orifices larges. Les plus usités sont les deux numéros moyens, de 2 à 3 millimètres de diamètre et de 6 centimètres et demi de longueur.

Ils méritent doublement le nom de *tuteurs galvaniques*, parce qu'ils sont composés de deux métaux accouplés, cuivre et zinc, formant les éléments d'une petite pile, et parce que très-probablement ils dégagent une certaine quantité d'électricité, comme semble l'indiquer la légère corrosion superficielle que l'on remarque toujours sur le zinc après un certain usage, quelquefois même dès le premier jour de leur emploi.

Avant de décrire la manière dont j'applique le *tuteur utérin galvanique*, je tiens à en justifier l'emploi et à en démontrer l'innocuité.

L'usage des tuteurs dans le traitement des flexions, introduit dans la pratique par Simpson, et en France par Valleix, ne tarda pas à y être justement condamné à la suite d'accidents qui furent plus ou moins graves, et dont quelques-uns malheureusement furent mortels. On pense donc que j'ai dû réfléchir longtemps à l'innocuité de mes tuteurs, avant de les appliquer moi-même et avant d'en recommander l'usage.

J'ai dû rechercher si les accidents graves provoqués par leur application tenaient aux tuteurs mêmes, ou à leur mode d'application, ou à l'état pathologique de l'utérus dans lequel on les introduit.

Je suis parvenu, à la suite de cette recherche, à éloigner peu à peu les causes d'inflammation et à reconnaître dans quelles conditions les tuteurs galvaniques peuvent être utiles sans être nuisibles. Il a été aisément démontré pour moi que, du moment qu'il y a de l'inflammation utérine ou péri-utérine, et même lorsqu'il y a seulement, avec ou sans leucorrhée, une irritabilité très-grande de l'organe qui le dispose à être atteint, ainsi que les annexes et les organes voisins, par l'inflammation et surtout par l'inflammation suppurative, l'application des tuteurs galvaniques dans la cavité utérine doit être proscrite, comme celle de tout corps étranger. Mais il paraît incontestable qu'un certain nombre de femmes, atteintes d'accidents graves à la suite de l'application des tuteurs, ne présentaient, avant cette application, aucun symptôme d'inflammation. Le mode d'application employé précédemment, notamment par Valleix, qui a été le seul essayé en France, consistait à laisser le tuteur en place pendant plusieurs jours dans la cavité utérine, à l'y immobiliser autant que possible en le rattachant à un plastron pubien et à un bandage passant autour du bassin et au-dessous des cuisses, enfin à permettre à la malade de se lever et de marcher avec cet appareil. Or, qui ne comprend que le séjour prolongé d'un corps étranger dans la cavité utérine suffit pour l'enflammer? que l'immobilisation de ce corps étranger dans un organe suspendu, en équilibre instable et essentiellement mobile au gré des pressions qui lui viennent de tous les organes voisins, est une cause de chocs continuels de l'utérus contre le tuteur, et par suite de douleurs répétées et d'inflammation? enfin, que la station debout, la marche, le décubitus dorsal, mettent l'organe, tendant à revenir à la rétroflexion, en lutte continuelle avec le redresseur et ajoutent aux causes précédentes une nouvelle cause d'inflammation?

Je cherchai donc à me mettre dans des conditions toutes différentes : d'abord tâter la sensibilité de l'utérus par le simple redressement instantané, et s'assurer à la fois de la possibilité de la réduction et de l'innocuité du cathétérisme; en second lieu, ne laisser le tuteur en place que quelques heures, c'est-à-dire un temps suffisant pour exciter la contractilité de l'organe, sans y provoquer l'inflammation; troisièmement, conserver à l'organe, pendant tout ce temps, sa mobilité propre, qui lui permet, tout en étant tenu redressé par la présence du tuteur, d'échapper, par les déplacements que peuvent provoquer les divers mouvements de la malade, aux chocs que ces mêmes déplacements produisent contre le tuteur, du moment que ces déplacements sont rendus impossibles par l'immobilisation; quatrièmement, obliger la malade à garder le repos pendant ces quelques heures, au lieu de lui permettre de se lever, de marcher, de sortir et même d'aller dans le monde, comme on avait eu

l'imprudence de le faire : cinquièmement, donner pendant tout ce temps
à l'ensemble du corps une position favorable à la conservation de la
réduction, en faisant coucher les malades en pronation sur le ventre,
non-seulement pendant les quelques heures de séjour du tuteur dans
la matrice, mais pendant toute la durée du traitement et même un certain temps après.

Je ne tardai pas à constater, de la manière la plus positive, que dans
ces conditions nouvelles l'application du tuteur n'est jamais nuisible, et
qu'elle est au contraire d'une utilité indispensable au succès du traitement, dont elle constitue incontestablement le point capital.

Mon opinion sur ce point était arrêtée en 1866, au moment de la
première édition de mon *Traité des maladies de l'utérus* ; mais je tenais
à la vérifier un très-grand nombre de fois, c'est-à-dire sur des centaines
de malades avant de l'exprimer comme je l'ai fait en 1870, en faisant
imprimer la seconde édition de cet ouvrage. Mon expérience de tous les
jours confirme la vérité des préceptes que je formulai à cette époque
sur le traitement de la rétroflexion.

Voici comment je procède à l'application du tuteur galvanique dans
le traitement des rétroflexions. La malade étant placée sur le bord du
lit, de manière que son siége déborde, les cuisses fléchies sur le bassin
et les jambes sur les cuisses, je commence à opérer la réduction de la
flexion à l'aide du cathéter utérin, en suivant la marche tracée plus haut
et sans le secours du spéculum. Le fond de l'utérus étant porté en avant
autant que possible, je retire doucement le cathéter, sans laisser mon
doigt indicateur gauche abandonner le col de l'organe. Ma main droite,
déposant le cathéter, saisit un tuteur galvanique, soit à l'aide d'un
manche, soit directement par sa boule, ce qui suffit dans la plupart des
cas, puisque l'utérus rétrofléchi est presque toujours abaissé, et elle porte
l'extrémité du tuteur sur la pulpe de l'indicateur gauche, de manière à
la faire pénétrer dans l'orifice utérin. En poussant alors sur la boule
dans la direction donnée à l'organe par le cathétérisme, elle fait pénétrer le tuteur jusqu'à la boule. Pendant que l'indicateur gauche refoule
à la fois le col utérin et la boule du tuteur dans le cul-de-sac
vaginal postérieur, ma main droite, saisissant un spéculum à gorge uni-
valve, le fait pénétrer dans le vagin, dont il longe la paroi postérieure
dans sa totalité ; la boule du tuteur se trouve reposer alors à l'extrémité
de la gorge du spéculum. L'indicateur étant retiré du vagin, je saisis de
la main gauche le manche du spéculum, de manière à déprimer fortement la paroi vaginale postérieure, je verse au fond du vagin une ou
deux cuillerées de glycérine pure, et j'y pousse un fort tampon de coton,
tandis que je retire peu à peu et délicatement le spéculum. Introduisant
alors l'indicateur d'une main dans le vagin, je m'assure que le tampon

est bien refoulé au fond de ce canal, où il retient le col utérin et la boule
du tuteur, et je l'y maintiens pendant que la malade se retourne dans
son lit avec précaution, de manière à se coucher peu à peu sur le
ventre.

La malade reste ainsi dans son lit, en décubitus ventral, pendant
cinq à six heures la première fois, et jusqu'à dix ou douze heures les
fois suivantes si elle n'a éprouvé aucun accident à la suite de la première épreuve. Il est inutile de dire qu'elle peut manger ou s'occuper
pendant qu'elle conserve soigneusement cette position. Le soir venu,
elle se met habituellement dans un bain émollient (avec 1 kilogr. de
son); elle commence à faire quelques injections dans le bain avec l'eau
du bain, à l'aide de l'hydroclyse reposant au fond de la baignoire, ce
qui facilite l'extraction du tampon. Elle-même n'a qu'à tirer sur le lien
par lequel on a toujours soin d'attacher ce tampon pour en opérer
l'extraction, et immédiatement après sur celui qui est attaché au tuteur,
pour l'extraire à son tour de l'utérus, en ayant soin de tirer en bas et
en arrière pour ne pas changer par cette manœuvre la direction normale restituée à l'organe; après quoi la malade continue les injections
dans le bain pendant une heure au moins, pour prévenir le développement de toute inflammation. Lorsque la malade est enrhumée ou que
l'administration du bain est rendue impossible par toute autre raison,
le chirurgien fera bien d'aller extraire lui-même le tampon et le tuteur,
la malade conservant pendant cette extraction le décubitus abdominal.
Il est d'ailleurs nécessaire qu'elle se couche toujours de la même manière, non-seulement la nuit qui suit l'application du tuteur, mais
encore tout le temps que dure le traitement et quelque temps après
qu'il est terminé.

Il est bon de faire garder le lit un ou deux jours après chaque
application du tuteur, pour prévenir le développement de phénomènes
inflammatoires; en même temps on administre de grands bains avec
injections, des laxatifs doux, une alimentation légère, mais toni-
que, etc.

On peut réitérer cette application du tuteur au bout de huit jours,
de sorte qu'au maximum on en peut faire trois applications chaque
mois. Il est souvent préférable de n'en faire que deux ou même qu'une;
on se décidera à suivre l'une ou l'autre marche, suivant l'irritabilité de
la malade et celle de l'organe.

Il y a avantage à introduire un tuteur d'un diamètre plus considérable, et il est possible souvent de le faire chez les femmes qui ont
eu plusieurs enfants et qui présentent, en même temps que de la leucorrhée, des orifices utérins larges et dilatables. Dans l'utérus virginal,
soit chez les vierges, soit chez les nullipares, on est presque toujours

obligé d'introduire le tuteur le plus mince; encore est-on fort empêché de lui imprimer dans ce cas la direction d'antéversion indiquée précédemment, à cause de la brièveté relative de la paroi antérieure du vagin, que nous avons dit être dans ce cas une des causes apparentes de la rétroflexion.

Il suffit quelquefois d'un très-petit nombre d'applications du tuteur galvanique pour réveiller la contractilité utérine et maintenir d'une manière permanente la réduction de la rétroflexion. J'ai même vu une malade qui, après une application du tuteur, eut le bonheur de devenir grosse et se trouva guérie. D'autres fois il faut pousser jusqu'à vingt et trente fois le nombre de ces applications, avant d'obtenir un résultat satisfaisant.

IX. — Mais il ne faut pas s'en tenir à l'application du tuteur et au décubitus en pronation ventrale. Il faut encore administrer simultanément aux malades les toniques généraux et locaux capables de modifier dans un sens favorable et leur constitution et l'état des organes atteints de relâchement. Je me dispenserai d'en faire ici l'énumération, et je me contenterai de parler des autres moyens qui peuvent être regardés comme les adjuvants les plus directs du tuteur galvanique, c'est-à-dire des moyens qui excitent le mieux la contractilité utérine, à savoir : l'électricité, l'hydrothérapie et le seigle ergoté.

L'électricité est celui de ces trois moyens dont l'action se rapproche peut-être le plus de celle du tuteur. Le tuteur, en effet, excite la contractilité utérine comme agent physique probablement de deux manières : 1° comme corps étranger ou agent mécanique qui éveille dans l'organe des efforts d'expulsion ; 2° comme agent électrique développant, probablement par l'association des deux métaux, zinc et cuivre, qui le composent, un léger courant susceptible de provoquer directement des contractions dans la fibre musculaire. Une circonstance que j'ai déjà signalée me paraît confirmer la présomption de cette action électrique : c'est que l'extrémité zinc du tuteur qui plonge dans la cavité utérine ne tarde pas à être corrodée. Le tuteur offre en outre le grand avantage d'exciter par cette double action la contractilité de l'organe, tout en le maintenant dans la position même de redressement que le retour de cette contractilité musculaire peut seule lui faire conserver.

On comprend d'après cela que l'application de l'électricité est un auxiliaire puissant du tuteur galvanique, et je m'en suis effectivement bien trouvé dans les cas rebelles où le traitement se prolongeait outre mesure, sans donner de résultats bien satisfaisants. Mais j'avoue que, dans la plupart des cas, les petites diffic   l'ennui que comporte cette application dans la pratique m'   font renonc   au moins pour les premiers mois du traitement. Qu   je suis forcé   'y recourir, j'applique tantôt dans la cavité utérine, tantôt sur la portion cervicale du col, un des pôles de l'appareil, tandis que l'autre est appliqué successivement à l'hypogastre, dans les aines, en suivant le trajet des ligaments ronds, et à la région lombo-sacrée, dans le point correspondant à l'attache des ligaments suspenseurs, ou même à la région dorso-lombaire du rachis, en me rapprochant du centre génital de la moelle.

Le seigle ergoté, administré d'une manière intermittente, m'a paru aider aussi très-sensiblement au retour de la contractilité utérine. Je le prescris d'habitude trois jours de suite, à la fin des règles ou immédiatement après la menstruation, et trois jours de suite après chaque application de tuteur galvanique, à la dose de 50 centigrammes de seigle fraîchement pulvérisé matin et soir, pris dans un peu de café après le repas. Plusieurs malades accusent des sensations très-nettes de contractions utérines provoquées par ce médicament.

L'hydrothérapie est encore un adjuvant très-efficace et dont l'action multiple, générale et locale, rend l'emploi très-précieux. Aussi, sauf le lendemain et le surlendemain du jour où le tuteur a été appliqué, je fais prendre matin et soir un bain de siége froid de quinze secondes, associé à des ablutions générales froides pratiquées simultanément à l'aide de l'éponge, suivies de frictions sèches et d'exercice ou d'enveloppement dans des couvertures de laine, pour provoquer la réaction. Pendant les temps d'interruption du traitement mécanique, ou lorsque ce dernier paraît suffisant, j'envoie mes malades faire une cure d'hydrothérapie, en leur recommandant d'insister sur les douches courtes autour du bassin, et sur les bains de siége froids simples ou à eau courante, mais toujours très-courts, associés aux douches générales. Chez les malades mises dans de bonnes conditions par les traitements précédents, ces derniers moyens sont précieux pour assurer la durée du succès.

X. — Quels sont les effets définitifs de ce traitement ? Je n'ai négligé aucune occasion de les rechercher, et je puis assurer que je les ai toujours trouvés entièrement satisfaisants. Depuis que j'en fais l'application, je n'ai rencontré aucune malade qui n'ait éprouvé, soit une guérison complète, soit un soulagement si notable, qu'il équivalait, au point de vue des sensations subjectives, à une véritable guérison.

Est-ce à dire que l'utérus récupère la position et la direction habituelle en antéversion légère qui le caractérisent chez la plupart des femmes ? On peut répondre à cette question que généralement il n'en est pas ainsi. Mais, par contre, il n'est aucune femme chez laquelle, après un traitement suffisant, et souvent plusieurs années après qu'elle l'a subi, on retrouve l'organe fléchi comme il l'était avant le traitement et les douleurs revenues comme elles existaient à la même époque.

Je ne connais aucune de mes malades qui n'ait éprouvé la cessation complète de ses douleurs ou un soulagement si notable qu'il leur permettait de reprendre les occupations et le train de leur vie ordinaire. En les examinant attentivement et en explorant l'utérus par le toucher et par le cathétérisme, on trouve que : chez un quart environ cet organe est resté dans le redressement et l'antéversion où il avait été placé par le tuteur ; chez un autre quart, tout en étant redressé, il s'incline tantôt dans un sens, tantôt dans un autre, en avant, en arrière, à droite ou à gauche ; enfin, chez la moitié, il reste en rétroversion plus ou moins prononcée, rarement forte, le plus souvent légère ; mais il reste en même temps dans un état de redressement du corps sur le col qui ne permet plus de le considérer comme fléchi, et de fait tous les symptômes de la rétroflexion ont disparu, et les femmes n'accusent aucune douleur ou se plaignent seulement de légères incommodités paraissant se rattacher à la persistance de la rétroversion : plus de dysménorrhée, plus de ménorrhagie, plus de douleurs dans le coït, plus de douleurs sacrées, plus de douleurs dans le décubitus dorsal, la marche, les efforts, etc.

Enfin, plusieurs de mes malades ont vu cesser la stérilité à la suite du traitement. Or il y a un double avantage à voir survenir une grossesse dans ce cas : non-seulement elle est une preuve de la guérison ou d'une atténuation considérable de la rétroflexion, et par conséquent de l'efficacité du traitement, mais encore elle est un des meilleurs moyens d'imprimer à l'utérus une vie nouvelle, d'y faire développer de puissantes fibres musculaires et d'assurer la guérison définitive de la rétroflexion, pourvu qu'on ait soin de profiter des heureuses conditions dans lesquelles l'organe se trouve alors, pour favoriser, après l'accouchement, son retrait et son évolution rétrograde, dans la situation et dans la direction normales de ses deux segments. Pour atteindre ce but, il suffit quelquefois d'un long repos, d'autres fois de simplifier ou de hâter l'accouchement par la chloroformisation, par l'administration du seigle ergoté avant et après l'expulsion du fœtus, par le décubitus ventral imposé à la malade un temps plus ou moins long après ses couches, par les stimulants et les divers toniques dont nous avons parlé, etc.

Une grossesse après la guérison ou dans le cours du traitement d'une rétroflexion est donc un événement heureux, non-seulement au point de vue de la satisfaction des époux, qui souvent dans ce cas la désirent ardemment, mais encore eu égard à la certitude qu'elle donne au médecin d'obtenir la cure radicale et durable d'une maladie jusqu'ici inguérissable. A mon avis, elle est si importante qu'on ne doit négliger, pour l'obtenir, aucune des conditions qui peuvent faciliter la fécondation, et qu'on doit considérer une conception comme un nouveau moyen de traitement à ajouter aux autres, non-seulement nouveau, mais supérieur à tous. Aussi, lorsque les premières applications du tuteur ont produit un redressement en apparence suffisant de l'organe, faut-il avoir soin de conseiller aux époux de pratiquer le coït rarement, il est vrai, de peur de congestionner ou de fatiguer l'utérus, mais dans les conditions les plus favorables à la pénétration de la semence par l'orifice utérin jusque dans la cavité de la matrice. La principale de ces conditions est de placer la femme dans la pronation ventrale, soit que la copulation s'accomplisse *more bestiarum*, soit que la femme se place pendant le coït au-dessus de l'époux, ce qui revient à peu près au même, eu égard à la position qui en résulte pour la matrice. En même temps, il ne faut pas perdre de vue qu'il y a toujours de l'abaissement et une sorte de poche copulatrice postérieure au col, où il faut éviter de laisser égarer et perdre la semence, résultat auquel on peut parvenir en recommandant au mari de faire pénétrer la verge peu profondément dans le vagin, surtout au moment de l'éjaculation.

Grâce à ces précautions, plusieurs de mes malades ont obtenu, pendant le cours de leur cure, d'autres après sa terminaison, des grossesses qui ont pu être menées à bonne fin, et qui ont assuré le succès définitif d'un traitement sinon très-pénible, quelquefois du moins décourageant par sa longueur.

CONCLUSION

1° Il est inexact, pour la plupart des cas, d'assimiler entre elles les diverses déviations des différentes portions de l'axe utérin, et de les englober dans une description commune, sous le nom de flexions.

2° La rétroflexion est due toujours à une altération de consistance, dépendant d'une altération histologique régressive des fibres de l'utérus, et coïncidant souvent avec un relâchement des autres parties de l'organe et de ses ligaments.

3° La rétroflexion est presque toujours consécutive à l'accouchement; à l'avortement ou à une maladie utérine ayant apporté aux fibres musculaires lisses de l'organe une altération qui ôte à l'utérus, considéré dans sa totalité, la fermeté et la rigidité qui le caractérisent.

4° Les trois degrés de la rétroflexion (au-dessus, au niveau, au-dessous des ligaments de Douglas et de l'orifice vaginal du col) sont, avec les complications locales (métrite, périmétrite, adhérences, leucorrhée, etc.) et avec les complications générales (atonie, anémie, débilité générale, nervosisme, obésité, etc.), les éléments complexes du pronostic.

5° La rétroflexion a des signes subjectifs très-caractéristiques (douleur sacrée, impossibilité d'efforts, de redressement, d'élévation des bras, absence de soulagement par le décubitus dorsal et la ceinture hypogastrique, tendance au décubitus ventral, tiraillements douloureux au nombril, etc.) qui permettent souvent, à eux seuls, d'en présumer l'existence, et qui diffèrent de ceux de l'antéflexion. — Les signes objectifs, surtout ceux fournis par le cathétérisme, sont indispensables pour donner au diagnostic la certitude nécessaire, ainsi que pour déterminer la possibilité de réduction et le degré de curabilité.

6° Les moyens qui sont utilement employés dans les autres genres de flexions ne soulagent pas habituellement les malades atteintes de rétroflexion. Ni la ceinture hypogastrique, ni le décubitus dorsal ne les soulagent sensiblement.

7° On peut guérir la rétroflexion, et, sans restituer toujours l'organe à l'intégrité absolue des conditions de statique ou d'équilibre normal de l'utérus sain, on peut arriver à procurer aux malades un soulagement qui les met en état non-seulement de récupérer l'aptitude gestative (assez souvent perdue, quoi qu'on en ait dit, par la rétroflexion), mais encore de participer aux travaux et aux plaisirs ordinaires de la vie. Chez plusieurs malades, il suffit, pour obtenir ce résultat, que la rétroflexion soit effacée; alors même qu'il persiste une rétroversion, ce qui arrive souvent, le rétablissement de la santé générale est manifeste.

8° Les meilleurs moyens d'exciter la contractilité utérine pour guérir la rétroflexion, sont: l'application intermittente et souvent répétée du tuteur galvanique, pendant quelques heures de repos en pronation, le décubitus ventral habituel, le seigle ergoté, l'hydrothérapie, l'électricité, les astringents, les toniques locaux et généraux. L'emploi simultané ou successif de ces divers moyens est toujours utile; mais le décubitus ventral est nécessaire, et l'application du tuteur galvanique est indispensable.

347

ASSOCIATION FRANÇAISE

POUR L'AVANCEMENT DES SCIENCES

EXTRAIT DES STATUTS ET RÈGLEMENT

Votés par l'Assemblée générale du 27 août 1874.

STATUTS.

ART. 4. — L'Association se compose de membres fondateurs et de membres ordinaires ; les uns et les autres sont admis, sur leur demande, par le Conseil.

ART. 5. — Sont membres fondateurs les personnes qui auront souscrit à une époque quelconque une ou plusieurs parts du capital social : ces parts sont de 500 francs.

ART. 7. — Tous les membres jouissent des mêmes droits. Toutefois les noms des membres fondateurs figurent perpétuellement en tête des listes alphabétiques, et les membres reçoivent gratuitement pendant toute leur vie autant d'exemplaires des publications de l'Association qu'ils ont souscrit de parts du capital social.

RÈGLEMENT.

ART. 1er. — Le taux de la cotisation annuelle des membres non fondateurs est fixé à 20 francs.

ART. 2. — Tout membre a le droit de racheter ses cotisations à venir en versant une fois pour toutes la somme de 200 francs. Il devient ainsi membre à vie.

La liste alphabétique des membres à vie est publiée en tête de chaque volume, immédiatement après la liste des membres fondateurs.

Les souscriptions sont reçues :
Au SECRÉTARIAT, 76, rue de Rennes;
Chez M. MASSON, *trésorier*, 17, place de l'École-de-Médecine.

Les souscriptions des membres fondateurs peuvent être versées en une seule fois,
ou en deux versements de chacun 250 francs.

LILLE. — IMPRIMERIE DANEL.